AF562401

LA

# PROROGATION

PRIX : 60 CENTIMES.

A **PARIS**, chez **M. VICTOR MAGEN**, libraire, rue des Grands-Augustins, 25.

A **NANTES**, chez **M**[lles] **DAUVIN**, rue Crébillon.

LA

# PROROGATION.



D'après l'article 45 de la Constitution, le Président de la République n'est rééligible qu'après un intervalle de quatre années. Quoi qu'on en puisse dire, ce n'est pas là une œuvre de caprice ou de défiance personnelle, mais le résultat d'une prévoyance profonde. Cette loi était nécessaire.

Un peuple qui élève un citoyen à une hauteur immense au-dessus des autres, lui prêtant un appui irrésistible dans des millions de suffrages, qui l'établit dans la condition d'un prince, par la richesse des revenus et le luxe des palais; qui lui confie en même temps la disposition des forces armées, et lui donne enfin toutes les prérogatives attachées à la présidence actuelle, un pareil peuple est bien près de se donner un maître et peut à peine se croire républicain.

Et pourtant la prévision de l'article 45 était générale; on n'avait pas encore choisi, pour le mettre à ce poste suprême, un véritable prince. Si la prudence était alors nécessaire, combien l'est-elle davantage aujourd'hui!

Il est difficile de se défendre d'un pénible étonnement, quand on voit adresser à l'Assemblée Nationale des pétitions contre un des articles les plus sages de notre Constitution. Autant vaudrait demander le renversement de la Constitution tout entière; car la prorogation votée en dehors de toutes les règles fixées pour réviser le pacte fondamental en serait la violation manifeste. En vain la sagesse de l'article 111 a-t-elle voulu éviter les bouleversements sociaux, en permettant de modifier à des intervalles réguliers et d'une manière légale ce qu'il pourrait y avoir de défectueux dans la Constitution ; l'impatience des pétitionnaires veut renverser ces mesures si raisonnables. Et dans quel but encore ? Pourquoi fouler aux pieds ce qui est digne du respect de tous ? Ces lois si admirables de raison, on veut les écarter pour arriver à une folie. Folie, en effet, et des plus grandes, que de vouloir à toute force ramener des dangers qu'une main prudente avait éloignés.

Une foule de citoyens apposent leurs signatures au bas de ces pétitions sans être animés de sentiments hostiles à la République, du moins j'aime à le supposer ; autrement, il serait inutile de vouloir les persuader. Ils sont probablement dupes de leur propre erreur, et pour les détromper il suffira de quelques réflexions.

L'on n'avancera rien de nouveau ni de contesté en disant que tous les gouvernements, quelle que soit d'ailleurs leur origine, tendent sans cesse à accroître leur pouvoir : ce qui s'explique assez par l'intérêt personnel ou par l'ambition qu'ont naturellement les hommes de vouloir dominer et faire prévaloir leurs idées. Sur les esprits les mieux intentionnés, il se produit une espèce de mirage qui leur persuade aisément qu'eux seuls ont les qualités réquises et les lumières suffisantes pour bien gouverner. Cette tendance et cette illusion sont surtout dangereuses quand le gouvernement se résume dans un seul individu, car alors une foule d'ambitions secondaires seront toujours prêtes à soutenir la sienne. Les places, les distinctions qu'il aura distribuées lui feront des partisans dont les intérêts se confondront avec les siens ; ils chercheront à maintenir, à perpétuer, à étendre son pouvoir. Le nombre de ses créatures grossira en raison directe du temps pendant lequel cette influence se sera exercée, et le parti ainsi formé sera d'autant plus audacieux qu'il verra en ses mains l'autorité du commandement, et qu'il sera soutenu par le prestige attaché au nom seul de gouvernement.

Voilà sans doute une des raisons pour lesquelles on a dû limiter, comme on l'a fait, la durée des fonctions présidentielles ; et cela sans se préoccuper en aucune façon de la personne qui devait remplir ce poste. Ainsi, la prohibition de l'article 45 est basée sur des conditions générales ; et, au contraire, ceux qui demandent l'abolition de cet article, la désirent dans des vues restreintes et personnelles.

Des causes diverses font désirer la prorogation. Les uns la veulent pour conserver un nom illustre, un prince à la tête de l'État ; la sécurité publique leur semble ainsi mieux garantie. Ce motif est rejeté comme contraire à l'égalité, et aussi parce que ceux qui entourent Louis Bonaparte se rappellent trop qu'il est prince. L'on n'a pas oublié non plus comment, au 18 brumaire, un général républicain anéantit la République en protestant de son dévouement pour elle ; comment il y fut aidé par son frère qui, élevé à l'insigne honneur de présider une assemblée française, provoqua contre les représentants la fureur des soldats en les faisant passer, à leurs yeux, pour des assassins et des stipendiés de l'Angleterre ; en un mot, l'on n'a pas oublié comment de nouvelles familles princières surgirent en Europe. Les personnes qui voient un titre de confiance dans celui de prince, devront méditer ces souvenirs. Bonaparte avait parlé bien des fois de son attachement aux institutions démocratiques : « César et Cromwel sont des rôles usés » répétait-il souvent. Il mit une grande patience à s'acheminer vers son but ; le nom de la République subsista longtemps dans les actes publics, même après la proclamation de l'Empire, alors que toutes les libertés avaient péri et que de farouches démagogues s'étaient transformés en ducs et en comtes.

Ce fut en 1809 seulement, c'est-à-dire cinq ans après le couronnement de l'empereur, que la République fut abolie de nom comme elle l'était de fait depuis longtemps.

La persévérance est, on le voit, une qualité de la famille Bonaparte. Ces faits ne suffisent pas pour exclure cette famille ; mais ils ne suffisent pas non plus pour mériter qu'on viole en sa faveur une loi fondamentale. Agir autrement aurait le double péril d'approuver en apparence la conséquence du 18 brumaire, et d'encourager à la violation des serments, aux coups d'état et à la guerre civile.

« Que nous importent les souvenirs dont vous nous parlez, objectent d'autres partisans de la prorogation ; le nom que nous voulons choisir en rappelle bien d'autres. N'est-ce pas à ce nom glorieux qu'est due la fin des troubles révolutionnaires, la restauration de l'autorité, de la religion ? N'est-ce pas lui qui mit l'ordre dans les finances, qui fit ce Code immortel ? etc. Ce nom seul, transmis à son neveu, a rallié autour de lui des millions de Français, et lui seul est capable de faire cesser les divisions qui nous déchirent. »

Je plaindrais la France si c'était là l'exacte vérité, s'il était vrai que ses destinées dépendissent de l'existence d'un seul homme. Napoléon lui-même n'affichait pas des prétentions si avantageuses ; des flatteurs lui disant qu'il était indispensable à la France, il leur répondit que nul homme n'est indispensable. L'histoire est là pour prouver qu'il disait vrai, et pour démontrer en même temps que la véritable base sur laquelle repose le salut des empires n'est point la personnalité d'un seul, mais les vertus et le patriotisme de tous. L'opinion contraire n'est pas républicaine, elle est monarchique. Les républiques anciennes ont banni des citoyens, uniquement parce que leur mérite portait ombrage à la liberté ; nous demandons moins, nous demandons seulement que la nôtre, ayant une charge à donner, ne viole pas la loi pour y placer le fils d'un roi.

Sinon, qu'on nous évite la lenteur des transitions, et qu'on le nomme empereur.

Quel contraste dans le caractère de ces peuples ! Là une confiance absolue dans le courage de l'ensemble des citoyens, confiance allant jusqu'à l'injustice envers ceux qui s'étaient trop distingués ; ici, un abattement exagéré auquel tout semble perdu, si un homme venait à manquer. La France trouverait pourtant dans son histoire des exemples pour la rassurer. J'ai développé ailleurs cette idée ; voici ce que j'écrivais dans une brochure imprimée avant la révolution de Février :

« Plus d'une fois, par ceux qui marchaient à sa tête, la France fut conduite à deux doigts de sa perte. Dans ces périls extrêmes, ce ne fut point l'habileté de ses hommes d'état qui la retira de l'abîme, mais le courage du peuple, et sans doute aussi la protection divine, Dieu ne voulant pas laisser périr la nation qui devait éclairer le monde en rallumant le flambeau de la liberté. On pourrait multiplier les preuves, deux suffiront :

« Sous Charles VII, dans Paris même et par la main des magistrats et des seigneurs français, la couronne de France est placée sur la tête du roi d'Angleterre. La capitale sépare sa cause de celle de la patrie ; les Parisiens s'enrôlent sous les bannières anglaises. Charles fuyait, abandonné des grands, ses appuis naturels, et la prise imminente d'Orléans allait livrer la rive gauche de la Loire aux étrangers.

« Le découragement était partout.

« Qui donc arrêta les progrès de l'ennemi ? Est-ce l'épée des chevaliers ? Est-ce le génie des hommes d'état ? Non ; ce n'était ni à la cour, ni dans la noblesse, ni parmi les hommes politiques que devait se trouver la défense. Mais il existait dans les rangs de la multitude un sentiment secret d'honneur national et d'indépendance qui n'attendait qu'une étincelle pour éclater ; l'étincelle qui devait enflammer ce feu couvert, c'était encore des rangs de la multitude qu'elle devait jaillir.

« Nul n'ignore aujourd'hui le nom de cette héroïque plébéienne, mais personne ne le connaissait alors quand, sortie de son village, elle accourut près du roi, sans autre guide que son enthousiasme. L'on sait par quels prodiges Charles fut remis sur le trône, et dans quel affreux supplice la fille du peuple expia la gloire d'avoir sauvé la patrie !

« En 1814, quand notre territoire était inondé par les flots de l'Europe débordée, une faible armée française, se multipliant par son courage, mettait en échec les masses innombrales des alliés, et menaçait de les ensevelir sous le sol envahi par elles. Mais tandis que ses soldats se battaient pour la défendre, la France était trahie dans la capitale par les premiers de l'État ; des princes, des ducs, escortés d'une nuée de perfides, employaient toutes les ruses de leur esprit infernal pour paralyser la défense et livrer leur pays, pieds et poings liés, à l'étranger. Napoléon ne comprit pas alors que, pour conjurer le danger, ce n'était pas assez du génie, et que le premier rempart d'une nation est l'élan de la nation elle-même.

« La France était livrée aux rois étrangers. Qui les retint alors, sinon la cainte de voir l'enthousiasme populaire, auquel Bonaparte n'avait osé se fier, renaître spontanément, malgré les soins qu'on prenait pour l'étouffer ? Le souvenir de ces temps héroïques où, se levant comme un seul homme à la vue du danger, le peuple avait balayé de son territoire des armées jusqu'alors invincibles, avait laissé une longue impression d'étonnement et d'épouvante qui retentissait encore dans le cœur des rois. Ils tremblèrent, au milieu de leur triomphe, que le volcan ne s'ouvrît pour les engloutir ; et bientôt leurs soldats furent entraînés par eux loin du pays de la liberté. »

Ces exemples répondent suffisamment aux préventions que je voulais détruire. Ils prouvent que le peuple a pu compter sur les grands pour le perdre, et qu'il doit compter sur lui-même pour se sauver.

Une seule chose est indispensable, c'est que la nation ne se fasse jamais défaut à elle-même, et qu'elle soit toujours au niveau des dangers que pourrait faire surgir l'ambition, l'impéritie ou la trahison de ceux qui la gouvernent.

D'autres personnes, sans partager les opinions exclusives des premières, désirent néanmoins la prorogation, et la regardent comme utile. L'approbation qu'elles donnent à la conduite du Président et à la marche imprimée aux affaires, les difficultés de la situation, la crainte de se tromper et de faire un mauvais choix en portant leurs suffrages sur un nouveau candidat, les complications qui peuvent résulter d'un changement de politique, enfin un mélange de reconnaissance et de prudence, voilà ce qui les détermine. Par précaution, elles veulent se jeter de Charybde en Scylla. On a vu, plus haut, dans quelles intentions on avait dû limiter la durée du pouvoir exécutif. Le danger croît proportionnellement au temps pendant lequel il fonctionne ; mais dans la position particulière où nous nous trouvons, il frappe les yeux les moins clairvoyants. Et quel temps prend-on pour nous y précipiter ? Celui où le pays se ressent encore des violents orages dont la tribune a retenti. Etait-ce légèrement et sans de graves motifs que des hommes éminents, d'anciens ministres, sont venus apporter à la tribune les craintes qu'ils avaient conçues ? En supposant qu'elles fussent exagérées, n'est-il pas utile d'en tenir compte, et de ne pas se jeter aveuglément dans un excès contraire ? Mais lors même qu'on aurait lieu d'être entièrement rassuré à cet égard, il serait imprudent d'habituer les esprits à voir toujours à la tête du Gouvernement les membres d'une même famille. On risquerait par là d'affaiblir le sentiment démocratique, qui doit négliger les distinctions de naissance. L'éducation républicaine étant encore à faire, il est bon d'en observer scrupuleusement les règles et de ne pas aller, par une inconséquence, entretenir un espoir coupable et retarder le retour du calme et de la confiance.

La prudence exige donc que l'on s'en tienne à la loi; quant à la reconnaissance, ce prétexte n'est pas discutable. Ceux qui n'approuvent pas la marche du Gouvernement, seraient coupables de vouloir l'entraver par des manœuvres inconstitutionnelles; ceux qui l'approuvent, le seraient de le soutenir par les mêmes manœuvres. D'ailleurs, l'honneur d'avoir été choisi par la nation n'est-il pas à leurs yeux une suffisante récompense!

Mais des considérations d'un autre ordre et qui tiennent à un changement plus radical dans les divers systêmes qui nous ont régi jusqu'ici, doivent engager les honnêtes gens à maintenir l'article 45.

De l'aveu même de représentants qui ne se sont jamais donnés pour des amis fervents de la République, le principe démocratique a été violé le jour où l'on a porté la dotation présidentielle à un chiffre exagéré. Cela tient à un ensemble de choses où tout est à réformer, et ce n'est pas le fait seul du Président si la demande d'augmentation de traitement a été faite et accordée.

Il n'a fait que suivre la voie dans laquelle on l'avait engagé.

Le mal vient de loin; il a été accumulé par les siècles de monarchie; chaque despote, roi ou ministre, y a travaillé. Louis XIV le caractérisa d'une manière précise, lorsqu'il dit : « L'Etat c'est moi! » Voilà, en effet, où avait abouti la politique si ridiculement vantée de tous ces despotes, en augmentant sans cesse les priviléges des gouvernants aux dépens des gouvernés.

Leurs efforts, suivis d'un plein succès, avaient renversé l'ordre naturel des choses, mis en haut ce que le sens commun plaçait en bas, et en bas ce qui devait être en haut; et, résultat plus prodigieux encore, les idées elles-mêmes furent bouleversées par tant de persévérance. Le triomphe de la force pendant de longues années et la répression violente des tentatives dirigées contre les progrès du mal, accoutumèrent les esprits à ce désordre moral. L'on en vint au point de regarder le prince comme une sorte de divinité à laquelle les simples mortels étaient heureux de se sacrifier. Alors une nation riche, industrieuse et puissante fut ruinée pour payer le luxe et les plaisirs d'un homme et de ceux qui l'entouraient. La magnificence du palais du monarque et la splendeur de ses fêtes dépassa tout ce que l'on avait vu jusque-là. Le faste des grands augmenta dans la même proportion ; jamais la différence n'avait été plus tranchée entre l'or et les plaisirs d'un côté, le travail et la misère de l'autre.

Tel était, sous les rois, l'état de la société à l'époque la plus avancée et la plus brillante.

Croit-on que nos diverses révolutions aient apporté à cela beaucoup de changement ? On s'y tromperait fort. Les noms et quelques apparences ont changé, le reste subsiste. L'attirail de la monarchie avec ses profusions égoïstes et spoliatrices n'a pas succombé. Vous voulez une République et vous la voulez démocratique, avec la liberté et l'égalité. C'est fort bien ; mais pour y réussir il ne suffit pas d'écrire ces mots sur vos édifices et sur vos monnaies. Y-a-t-il beaucoup de princes régnants en Allemagne qui aient des palais aussi splendides que ceux de vos ministres ? Combien de fois s'est-on demandé depuis Février si vos divers présidents n'allaient pas rétablir la cour ? Le marbre, les peintures et l'or embellissent la demeure que vous donnez à des salariés de l'État, tandis que vous logez dans un bouge. Pour que d'autres jouissent du plaisir de l'Opéra, où vous n'irez jamais, et qu'ils aient de belles maîtresses, vous devez vous priver de votre dernier sou.

N'avais-je donc pas raison de le dire ? Rien n'est changé ; l'œuvre des despotes est encore debout ; ils ont renversé les lois du sens commun, et après des efforts inouïs l'on n'a pas encore pu les rétablir. Le peuple est un grand seigneur dépouillé par ses intendants ; ceux-ci mangent son bien et lui laissent pour unique ressource d'être valet dans sa propre maison.

Si le mot *égalité* veut dire quelque chose, il signifie que l'on doit tendre à abaisser l'énorme disproportion entre les diverses positions sociales. L'égalité vers laquelle on peut aspirer est celle qui s'écarte également du faste et de la misère. Que l'état ne bâtisse plus de demeures princières. Dans une monarchie, les ministres et les hauts fonctionnaires peuvent habiter des palais dorés ; mais sous une République, il convient que ce qui les entoure ne les éloigne pas trop du peuple et ne leur fasse pas oublier l'origine de leur pouvoir. Cette vérité avait été bien comprise à l'époque de la première révolution ; on voulut l'établir par des moyens énergiques, mais dont la hardiesse même effraya. La destruction des palais royaux fut proposée à la Convention, et combattue sous prétexte d'utilité publique. Depuis cette époque, trois dynasties se sont abritées sous les Tuileries. Il est certain qu'on aurait alors fait beaucoup pour empêcher le retour du despotisme, en rasant ses repaires. Cette idée ne m'appartenant pas, je la laisse aux méditations des bons citoyens.

Mais il est indubitable qu'en donnant un but utile, par l'aliénation, je suppose, à une foule de domaines nationaux accumulés sans nécessité dans les mains de l'État, on parviendrait à alléger un peu les charges énormes qui pèsent sur le peuple. Le prix de la vente irait grossir le trésor public, et les dépenses seraient diminuées, car il n'y aurait plus à payer des frais d'entretien ni de traitement pour les gouverneurs, les gardiens, les architectes et autres parasites attachés à chacun de ces édifices. L'intérêt général serait de diminuer la masse des biens de mainmorte dont l'État est possesseur, et qui ne servent souvent qu'à des intérêts particuliers. Le nombre de ces domaines a pris une extension désastreuse. Comme ils ne sont pas cotisables, plus la masse en augmente, moindre est celle des propriétés qui doivent supporter les contributions directes. Avec l'impôt, dont chaque parcelle de terre est grevée, s'élève aussi le prix du blé et des denrées les plus nécessaires à la vie ; la difficulté de vivre s'accroît donc dans la même proportion. En même temps que les prix s'élèvent, la production se restreint dans des bornes plus étroites, et diminue avec la surface cultivée ; il arrive même que les terrains enlevés de cette manière à la culture sont presque toujours les plus productifs, à cause du voisinage des villes, où les conditions de main-d'œuvre et d'engrais sont réunies à un plus haut degré.

Mais, pour marcher dans cette voie féconde, que d'obstacles à surmonter ! Trop de gens sont intéressés à ne rien changer à ces agréables sinécures.

Quoi qu'il en soit, si l'on veut sincèrement que le régime républicain s'acclimate parmi nous, il est utile, indispensable de commencer une réforme générale : ce sera la véritable réforme, celle de l'égalité. Fils d'un roi, prince lui-même, le Président actuel ne saurait entrer dans ces vues, ni renoncer au faste royal dans lequel il s'est complu jusqu'ici. La réforme serait donc impossible avec lui ; nouvelle raison qui s'ajoute à toutes les autres contre la prorogation.

Ces mesures salutaires n'auront toute leur efficacité qu'à une condition, c'est qu'il s'opère en même temps, dans les idées et dans le système général de l'administration, un progrès analogue. Ainsi qu'il a été dit plus haut, l'affaissement produit dans les esprits par une longue compression n'est pas encore dissipé ; il est difficile de secouer tout d'un coup l'habitude de plusieurs siècles. Aussi, entendez vous dire sans cesse : « *Il faut fortifier l'autorité, sans cela tout est perdu.* » Et les partisans de l'extension indéfinie de l'autorité s'inquiètent peu de la Constitution et de son article 45. Aveugles qu'on doit plaindre, tout en faisant le contraire de ce qu'ils demandent. Il semble qu'en France l'on n'ose rien entreprendre de soi-même ; l'on ne sait pas faire un pas sans être soutenu par la lisière de l'autorité. On a recours à elle pour les moindres bagatelles, et il en résulte une foule de réglements et d'entraves qui gênent la liberté des citoyens. Le pouvoir n'a que trop profité de cette propension funeste : il s'est substitué à tout ; il a multiplié les administrations, au grand détriment du bien-être universel, qui se serait souvent mieux accommodé de l'exploitation particulière. Il a nommé des milliers d'administrateurs et d'employés de toute espèce, intéressés au maintien de ce qui existe et prêts à trouver tout pour le mieux dans le meilleur des ordres possibles. Il a créé des places, des sinécures pour en gratifier ses amis, élevé des établissements inutiles, et augmenté d'une manière prodigieuse le nombre des gens vivant dans sa dépendance. Enfin, de ce qui ne devrait être qu'une simple direction, on a fait un être réel, collectif, se substituant à la nation ; que dis-je ? se croyant la nation elle-même. Le savoir et la force se trouvant de ce côté, ont pu produire cette illusion; illusion partagée par une infinité de personnes et par les gouvernants eux-mêmes, qui diraient volontiers avec Louis XIV : « L'État, c'est nous ! »

De cette fausse idée naissent des exigences souvent absurdes : après avoir trop donné au Gouvernement, on lui demande beaucoup plus qu'il ne devrait faire; on veut substituer en tout son action à celle de la liberté individuelle ; on en attend la pluie et le beau temps, et on le renverserait volontiers pour n'avoir pas empêché la Seine de déborder.

Défaut naturel aux Français, qui se jettent toujours dans l'exagération.

Pour rentrer dans la vérité, il faut réduire le Gouvernement à n'être plus chargé que de la direction générale des affaires du pays, en retranchant tout ce qui ne s'y rattache pas d'une manière inévitable. On se rapprochera ainsi de la simplicité des institutions américaines ; la liberté y gagnera sans préjudice pour la stabilité. En effet, les citoyens acquérant l'initiative qui leur manque, feront eux-mêmes leurs affaires ; ils perdront l'habitude de s'adresser sans cesse au Gouvernement, et ne le traiteront plus comme une idole qu'on invoque et qu'on brise tour-à-tour.

Jusqu'ici les revirements politiques ont varié les instruments de la liberté sans qu'il en soit résulté d'autre avantage pratique, ni plus de latitude dans les rapports que les citoyens ont entr'eux ou avec l'Etat. Rendre ces rapports de plus en plus faciles, en levant les obstacles élevés par des milliers de lois, ce serait accroître effectivement la liberté. Les élections et la presse ne sont que des moyens pour y parvenir. La liberté de la presse est celle dont on s'est occupé la première en toute occasion, parce que les intéressés ne manquent pas de se faire entendre dans leurs journaux. Mais les gouvernants, quelle que fût leur origine, monarchique ou républicaine, ont peu songé jusqu'ici à diminuer les entraves qui arrêtent à chaque pas l'action des particuliers et des communes et font peser sur eux une insupportable servitude, soit qu'on doive attribuer cette incurie à l'effet corrosif produit par l'autorité sur les bonnes intentions de ceux qui l'exercent, soit que ces bonnes intentions ne leur aient jamais appartenu. Car, il ne faut pas se le dissimuler, parmi les hommes ayant influé sur les destinées du pays ou aspirant à exercer cette influence, il y en a bien peu qui désirent sincèrement la liberté avec les conséquences qu'elle entraîne. Ce mot est pour eux une arme dont ils se servent au besoin, et qu'ils mettent de côté quand le but de leur ambition est atteint. Parvenus aux honneurs et à la fortune, ils se gardent bien de supprimer les abus, qui sont pour eux une source de jouissance. Tel, que d'après ses écrits l'on avait cru être un partisan austère de la simplicité républicaine, une fois au pouvoir prend les allures d'un grand seigneur ; aussi, pour entrer dans la voie que j'ai indiquée, doit-on s'attendre à la plus violente résistance. Les talents les plus distinguées et les plus hautes positions sociales sont intéressés à maintenir ce qui est. A la tête de toutes les administrations, chez les hommes qui occupent le rang le plus éminent dans les arts et dans les sciences, dans une grande partie de la presse parisienne, cette vérité trouvera des adversaires inconciliables.

Tous les moyens seron bons pour la combattre ; à défaut de raison on inventera des prétextes, on suscitera contre elle l'amour-propre national, on aura recours aux sophismes à l'aide desquels on fascine l'esprit du peuple. Peut-être la vérité sera-t-elle étouffée sous les efforts de ses puissants ennemis ; mais peut-être aussi germera-t-elle dans les intelligences non obscurcies par l'intérêt personnel : alors, le bon sens populaire finira peu à peu par le comprendre, et un jour viendra où l'égoïsme et les priviléges seront vaincus par la volonté générale. De ce jour, un pas immense sera fait vers l'égalité. Mais ce triomphe ne peut être obtenu qu'autant que l'on placera à la tête de l'Etat des hommes sincèrement animés du désir de ramener l'humanité à des conditions plus fraternelles.

Concluons, de ce qui précede, qu'il n'y a pas lieu de modifier encore la Constitution, et qu'on doit attendre patiemment 1852 et toutes ses conséquences.

**Pierre LE GUEN.**

Nantes, imp. V. Mangin

www.ingramcontent.com/pod-product-compliance
Lightning Source LLC
LaVergne TN
LVHW010337230826
846091LV00009B/3916
*9782019285265*